D1219534

La ciencia en mi mundo

IMANES

Angela Royston

Heinemann Library
Chicago, Illinois

Published by Heinemann Library,
an imprint of Reed Educational & Professional Publishing.
Chicago, Illinois

Customer Service 888-454-2279

Visit our website at www.heinemannlibrary.com

Designed by bigtop
Originated by Ambassador Litho
Translation into Spanish produced by DoubleO Publishing Services
Printed and bound in China by South China Printing Company

09 08 07 06
10 9 8 7 6 5 4 3 2 1

Library of Congress Cataloging-in-Publication Data
Royston, Angela.
[Magnets. Spanish]
Imanes / Angela Royston.
p. cm. – (Ciencia en mi mundo)
Includes index.
ISBN 1-4034-9110-0 (hb - library binding) – ISBN 1-4034-9117-8 (pbk.)
1. Magnets–Juvenile literature. 2. Magnetism–Juvenile literature. I. Title.
QC757.5.R69518 2006
538'.4–dc22
2006006056

Acknowledgements
The author and publishers are grateful to the following for permission to reproduce copyright material: M Barlow/Trip, p9; Trevor Clifford, pp4, 5, 6, 7, 8, 10, 11, 12, 13, 16, 17, 19, 20, 21, 22, 23, 24, 25, 26, 27, 28, 29; Photodisc, p14; Powerstock Photo Library, p15; Stockshot, p18.

Cover photograph reproduced with permission of Robert Harding.

Every effort has been made to contact copyright holders of any material reproduced in this book. Any omissions will be rectified in subsequent printings if notice is given to the publisher.

Algunas de las palabras aparecen en negrita, **como éstas.**
Podrás averiguar lo que significan mirando el glosario.

Contenido

¿Qué es un imán? 4
¿Qué cosas son magnéticas? 6
Metales magnéticos 8
Formas de los imanes 10
Probar la fuerza 12
Usar imanes 14
Imanes en el hogar 16
Brújulas 18
Polos magnéticos 20
Polos que se atraen 22
Polos que se rechazan 24
Metales imantados 26
Hacer un imán 28
Glosario 30
Más libros para leer 31
Índice 32

¿Qué es un imán?

Un imán puede atraer cosas hacia sí mismo. El imán tiene una **fuerza** que no puedes ver. Sólo puedes ver lo que hace la fuerza.

Esta caña de pescar tiene un imán atado al final de la cuerda. El imán de la cuerda atrae al imán del pez. Por eso los peces se pegan a la cuerda.

¿Qué cosas son magnéticas?

Los imanes sólo funcionan con algunos **materiales**. Si algo es atraído por un imán, se dice que es **magnético.** Los clips de papel son magnéticos.

Esta niña está utilizando un imán para comprobar si las cosas son magnéticas o no. La hoja no es magnética porque el imán no puede levantarla.

Metales magnéticos

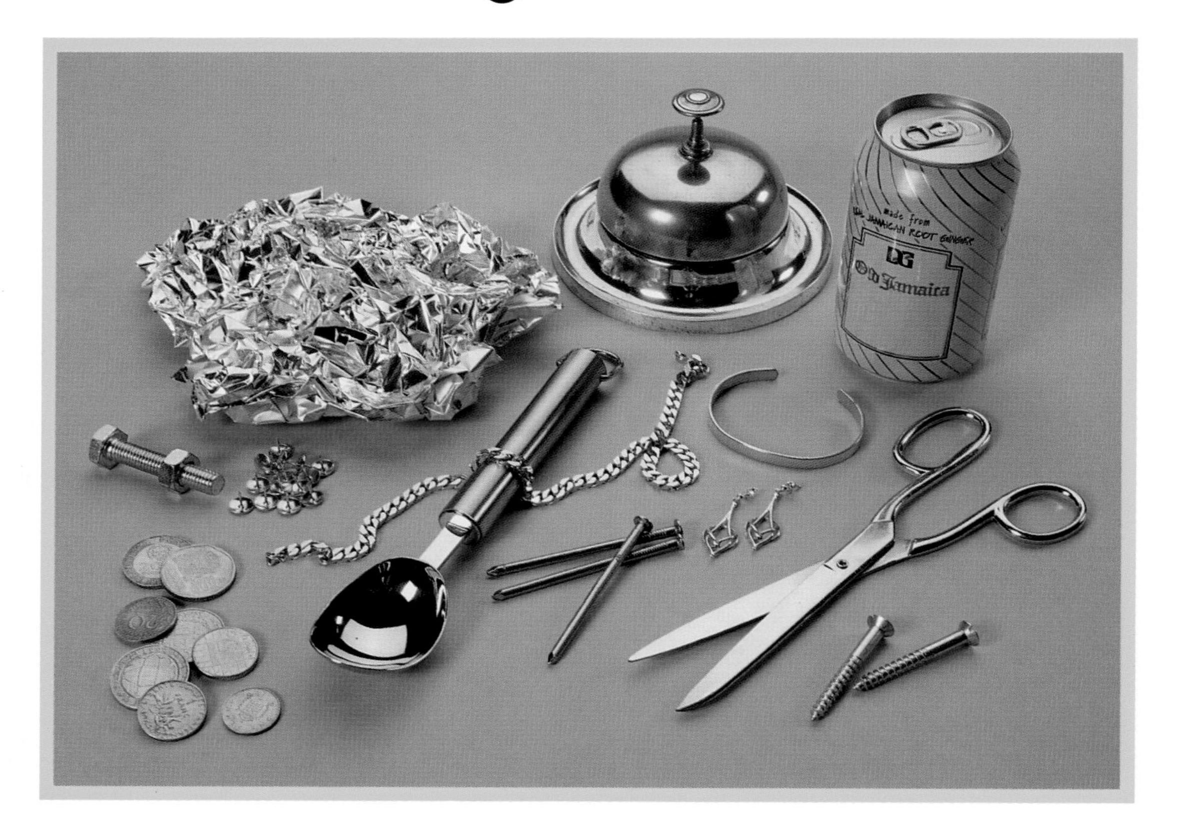

La mayoría de los metales son duros, fuertes y brillantes. Hay muchos tipos de metales diferentes. Todos los objetos que ves en la imagen están hechos de metal. Sólo algunos metales son **magnéticos.**

El hierro y el acero son metales magnéticos. Se usan para fabricar muchas cosas, incluidos los trenes, puentes, clavos y clips.

Formas de los imanes

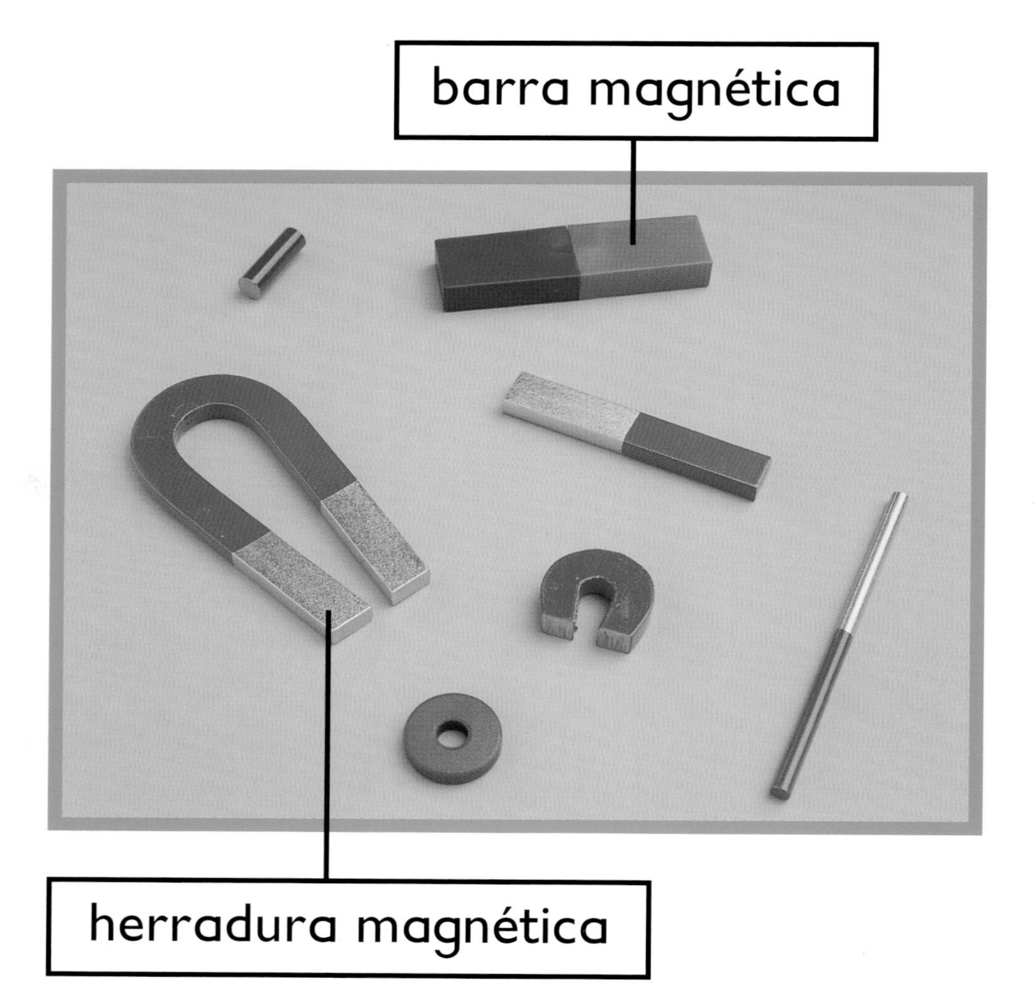

Los imanes pueden tener cualquier forma. Las formas más comunes para los imanes son la barra o la herradura.

Los imanes que se pegan a la nevera tienen muchas formas distintas. Los imanes se pegan a la puerta de la nevera porque está fabricada en acero.

Probar la fuerza

Esta niña está comprobando qué imán es más fuerte. Pone un clavo sobre una línea en una hoja de papel. Después mueve el primer imán lentamente hacia el clavo.

Cuando el clavo se mueve hacia el imán, la niña hace una marca donde está el imán. El imán más fuerte atrae el clavo desde más lejos.

Usar imanes

Un **centro de reciclaje** usa imanes para separar las latas de aluminio de las latas de acero. Los imanes **atraen** sólo las latas de acero.

Los imanes se usan para mover trozos de metal pesados. Esta grúa tiene un imán gigantesco en un extremo. Puede levantar y mover metales que pesan demasiado para que los muevan las personas.

Imanes en el hogar

Los cuchillos de la imagen se pegan a un portacuchillos **magnético**, lo que significa que los cuchillos están fabricados en hierro o en acero.

La puerta de la nevera tiene una banda de goma que cubre un imán. El imán que está debajo de la banda hace que la puerta se cierre. La banda de goma **sella** la puerta para mantener el aire frío en la nevera.

cubierta de goma para el imán

Brújulas

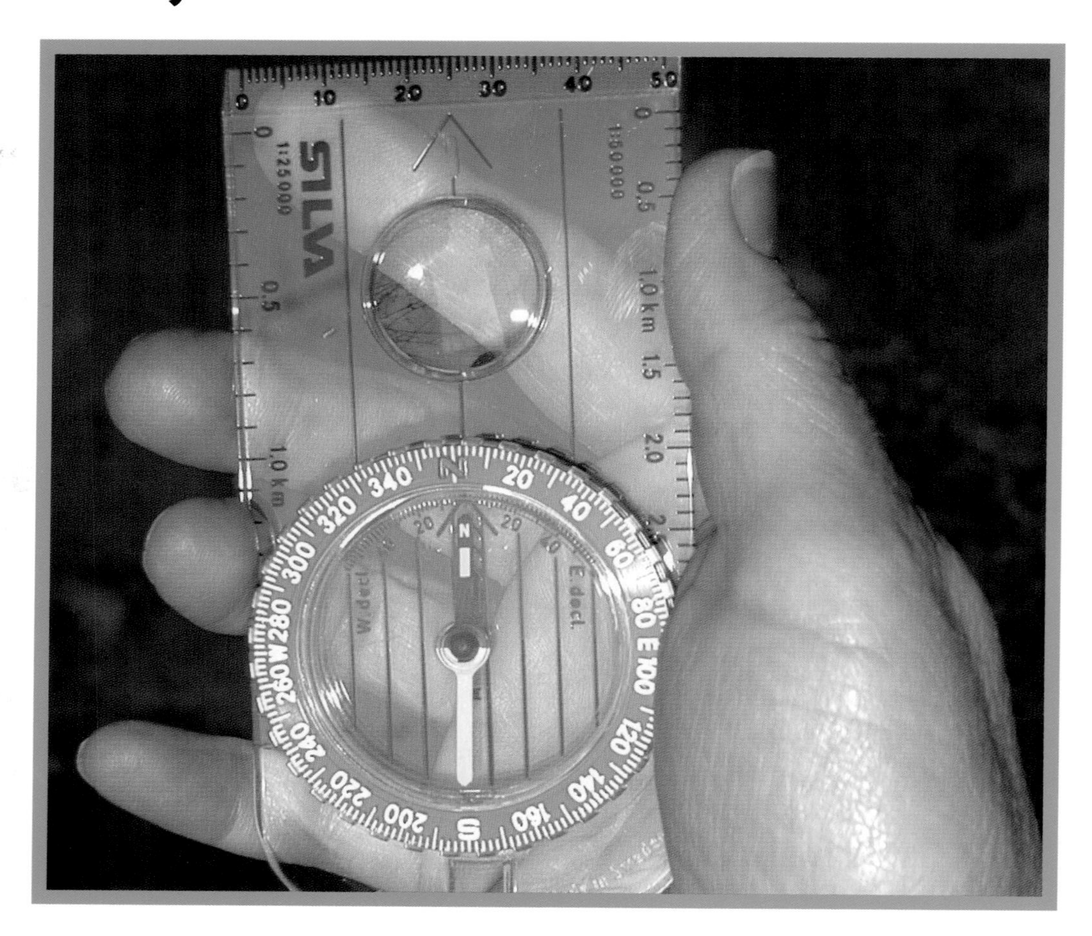

Una **brújula** usa un imán para decirte en qué dirección te mueves. La aguja de la brújula siempre señala el norte. Los excursionistas y los marineros usan brújulas.

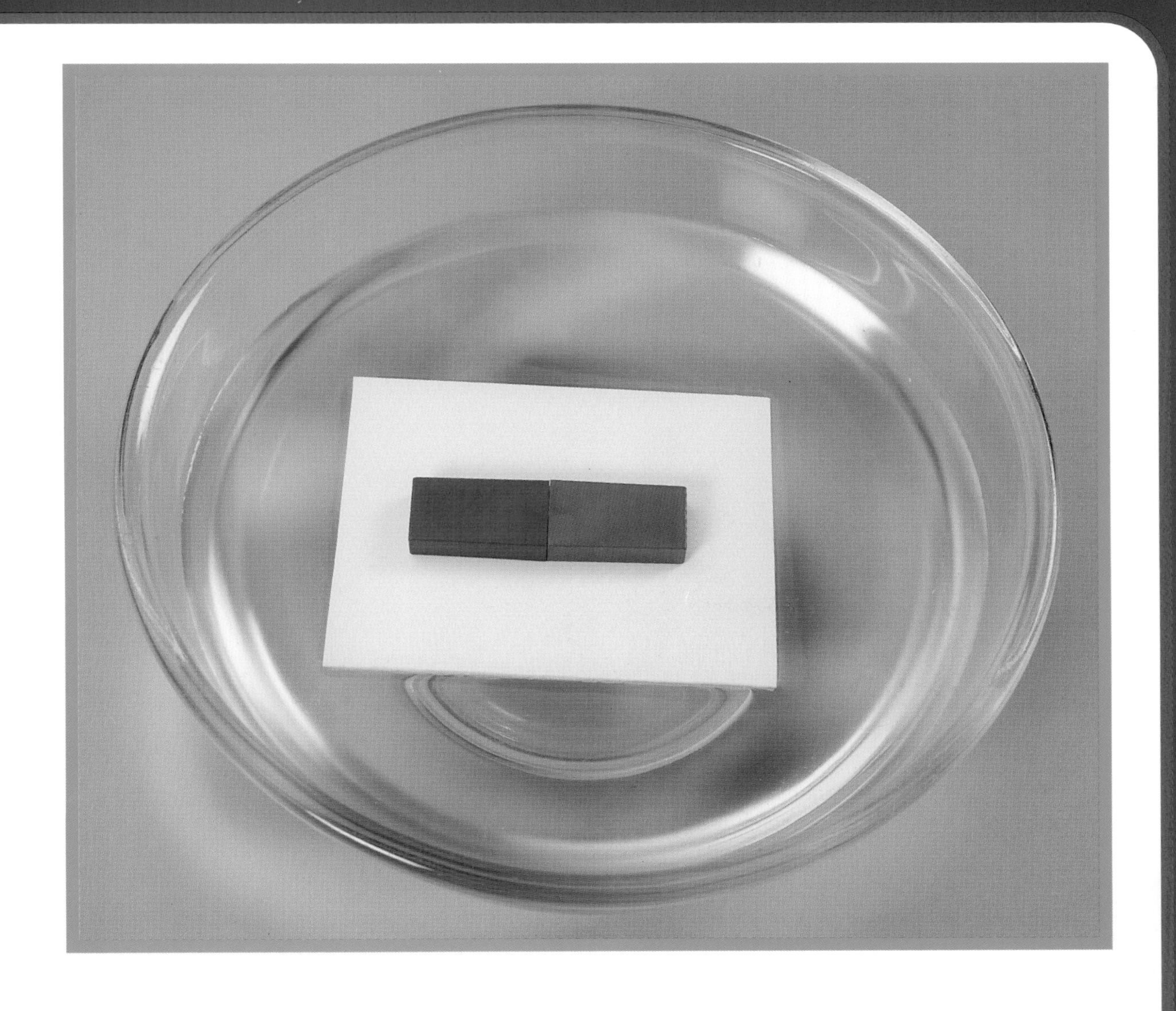

Esta brújula está hecha en casa. Flota y gira en el agua. Un extremo del imán señala el norte y el otro el sur.

Polos magnéticos

Colocamos este imán sobre un montón de alfileres. Las partes más fuertes del imán **atraen** más alfileres. ¿Qué parte es más fuerte: el centro o los extremos?

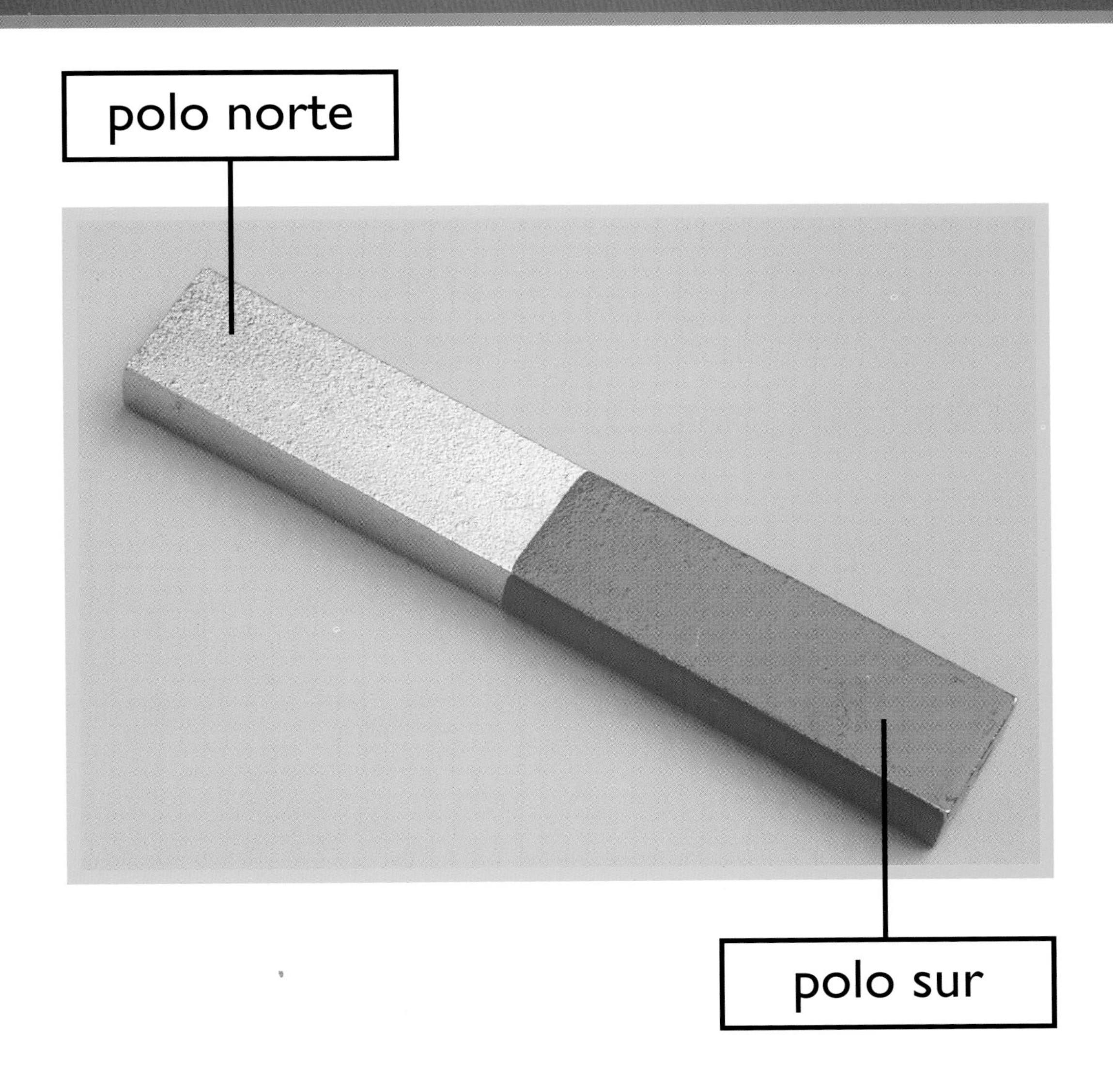

Los extremos de un imán se llaman polos. Un extremo es el polo norte y el otro es el polo sur.

Polos que se atraen

Los dos polos de un imán no son iguales. El polo norte de un imán **atrae** el polo sur de otro imán. Puedes sentir cómo se atraen entre sí.

polo norte

polo sur

La atracción es muy fuerte. ¡A veces es muy difícil separar los imanes!

Polos que se rechazan

A veces los imanes se rechazan. No puedes pegar un polo norte a otro polo norte. Dos polos sur también se **repelen.**

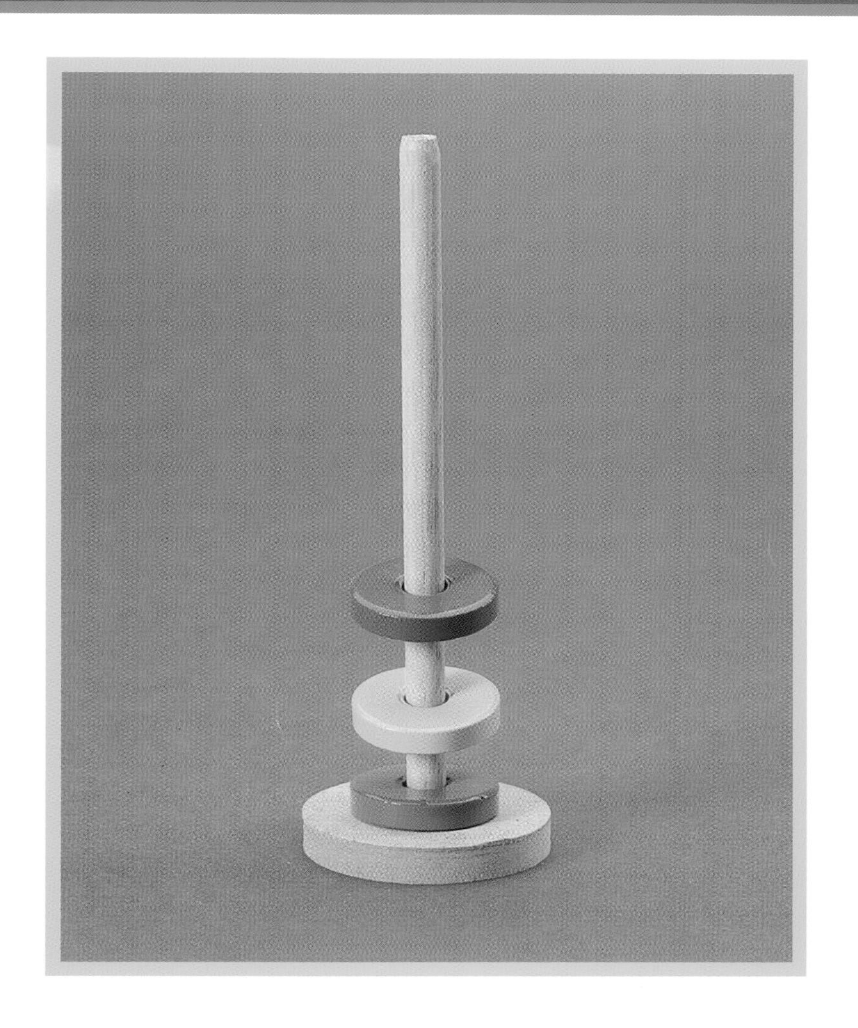

Estos imanes flotan unos sobre otros. Los polos están en la parte superior e inferior de los imanes en forma de anillo. Se rechazan entre sí.

Metales imantados

Cuando el hierro o el acero se pega a un imán, se imanta. Esto significa que se convierte en imán. El primer clip imanta al segundo clip.

Cuanto más fuerte es el imán, más larga será la cadena de clips. Si quitas el imán, la cadena se romperá. Los clips ya no están imantados.

Hacer un imán

Puedes hacer un imán que dure. Frota un clavo contra un imán. Lo frotas unas 50 veces en la misma dirección.

El clavo se convierte en imán. Es tan fuerte que puede levantar este clip. También puede imantar el clip.

Glosario

atraer tirar de algo

brújula herramienta que usa un imán para decirte en qué dirección te mueves

centro de reciclaje lugar donde algo viejo se convierte en algo nuevo

fuerza energía que hace mover las cosas

magnético algo que puede ser atraído por un imán

material de lo que está hecho algo

repeler apartar de algo

sellar cerrar algo muy fuerte de modo que nada pueda entrar o salir

Más libros para leer

40 fantásticos experimentos Imanes y electricidad. Larousse México, 2005.
Un lector mayor te puede ayudar con este libro.

Lobb, Janice. *¿Juegas conmigo? ¿Por qué se atraen los imanes?* Bibliograf, 2002.

Parker, Steve. *Electricidad e imanes.* Sigmar, 2000.

Índice

acero 9, 11, 14, 26
atraer 14, 20, 22–23
barras magnéticas 10
brújulas 19
centro de reciclaje 14
clips 6, 9, 26, 27, 29
comprobar imanes 12–13
grúa 15
herraduras magnéticas 10
hierro 9, 26
imanes para la nevera 11
imantar 26–27, 29
materiales magnéticos 6, 8–9, 16, 17
polos de un imán 20–21, 22–23, 24–25
portacuchillos 16
repeler 24–25